FORTIS SUPERENATAT UNDAS

EXERCICE

POUR

TOUTE L'INFANTERIE

DE FRANCE,

ET AUTRES MOUVEMENS
reglez par la main de Sa Majesté
le 2. Mars 1703.

Maniere de mettre en Bataille.

E'S que l'Assemblée est bat-
tuë, les Compagnies estant à
leur Drapeau, ils se mettront
en marche par quatre files.
La Colonelle doit défiler la
premiere, & le reste suivant
leur rang ; le Major ou Aide-Major à la teste,
qui conduit au Champ de Bataille qu'il a
reconnu. Le Capitaine aura l'Esponton à la
main, le Lieutenant sera à la queuë, le Drapeau marche entre le neuviéme & dixiéme
rang ; le Sous-Lieutenant entre le dix hui-

A

tiéme & le dix-neuviéme rang , les Tambours entre le fecond & troifiéme rang , les Sergens fur les aifles de chaque Divifion.

A la fortie du quartier , les Sergens mettront les Compagnies à cinq de hauteur , marchant de même , tant que le terrain pourra le permettre.

Les Compagnies fe formeront fuivant leur rang. Eftant dans cette difpofition, le Major aura foin d'avertir dix Fufiliers par Compagnie , deux Sergens & un Tambour , pour qu'au Commandement de (Formez le Bataillon) ces dix Fufiliers , deux Sergens & un Tambour , avec un Lieutenant , faffent à gauche , & aillent fuivant le Commandement , former un Ploton fur la gauche du Bataillon.

Il avertira auffi la Compagnie du Capitaine qui doit commander la gauche du Bataillon, pour qu'au Commandement de (Formez le Bataillon) elle marche & aille fe mettre à la gauche du Bataillon avec fon Capitaine.

Les Sergens & Tambours feront auffi avertis à ce Commandement , d'aller fe pofter ; fçavoir un fur chaque aifle de rang , qui forme le Bataillon : & les autres Sergens formeront un rang à la queuë du Bataillon , trois pas derriere le Soldat.

Les Tambours iront auffi , par le Commandement , fe pofter au-delà des Grenadiers & du Ploton de la gauche , fur l'ali-
u premier rang joignant le rang.

A droite & à gauche formez le Bataillon.

LEs Compagnies arrivant au Champ de Bataille, comme il est marqué cy-dessus, se trouvent en Bataille, sans faire aucun autre mouvement, que de la Compagnie de celui qui doit aller occuper la gauche du Bataillon, qui fait à gauche aussi bien que les dix Fusiliers détachez par Compagnie pour former le détachement de la gauche ; le reste du Bataillon fait à droite pour venir occuper le terrain de cette Compagnie, & des Fusiliers détachez.

Marche.

Les Compagnies font face à la teste.

A droite & à gauche.

Le Bataillon estant formé, le Capitaine Commandant sera dans le centre, celuy d'ensuite à la droite, & celuy qui le suit à la gauche avec sa Compagnie.

Quand les Troupes sont en Bataille pour l'Exercice ou pour paroistre, les Officiers sont partagez également à la teste du Bataillon, les Lieutenans & Drapeaux faisant un ran à u

4

pas des Soldats, les Capitaines en faisant un autre
devant, à un pas des Officiers, & les Soldats ouverts
à un pas de distance,

Le Bataillon formé ne
doit estre separé des Grenadiers de la droite, & du détachement des Fusiliers de
la gauche, que par une file
de Sergens sur chaque aisle
du rang du Bataillon ; les
Tambours seront placez au-
delà des Grenadiers & des
Fusiliers, sur l'alignement
du premier rang.

Un Sergent sur chaque
aisle de rang, les autres faisant un rang derriere à trois
pas du Soldat, & jamais
au front du Bataillon, pour
quelque pretexte que ce
puisse estre.
Les Soldats auront le
Fusil sur l'épaule, ni trop
plat, ni le bout trop haut,
le chien du Fusil abattu, la
fougarde du Fusil touchant
l'épaule, laissant quatre
doigts de crosse entre l

main & le bout de la croffe , laquelle fera un peu tournée en dedans.

Les Tambours feront fur les aifles des Bataillons également dans l'alignement du premier rang , dont il y en aura fix par Bataillon ; fçavoir trois à chaque aifle de Bataillon , dans le même rang des autres que le Tambour Major aura commandez pour l'Exercice.

Quand le Major fera le fignal pour l'Exercice, les Tambours appelleront : les Capitaines , Officiers & Drapeaux feront demy tour à droite, marcheront dans les intervales des files , & iront fe pofter ; fçavoir, les Capitaines marchant fur une même ligne, à dix pas du rang des Sergens, les Officiers & Drapeaux à huit pas, qui font deux pas moins loin que les Capitaines.

Les Tambours commandez pour l'Exercice de la

droite & de la gauche du
Bataillon, dés que les Officiers feront demy tour à
droite, marcheront devant
eux en avant, & iront se
poster soixante pas devant
les aisles du Bataillon, re-
gardant le centre où sera
le Major : les autres Tambours feront demy tour à
droite, & marcheront avec
les Officiers, & se posteront vis - à - vis l'intervalle
des Bataillons, sur le der-
nier rang des Soldats, occupant le front de l'intervalle.

Six Sergens commandez,
quand on avertira pour l'E-
xercice, occuperont tout
le front du Bataillon, se
postant à la teste à distance
égale ; de maniere que celuy de la droite sera entre
les trois & quatre files, &
celuy de la gauche de mê-
me, & les autres à distance
égale ; & marcheront du
même signal que les Offi-
ciers, devant le Bataillon,
sur une ligne entr'eux ; se
posteront six pas plus avant

que les Tambours , occu-
pant le même front que le
Bataillon , & la moitié de
leur intervalle ; de maniere
que toute leur ligne soit à
égale distance , faisant marcher devant eux tout ce qui
embarrasse le front de la
ligne.

Arrivant à leur poste ils
feront demy tour à droite ;
& ceux qui seront prés des
Tambours prendront garde
qu'ils battent bien & ferme.

Au même signal, les Ser-
gens postez sur les aisles
des rangs feront demy tour
à droite , & iront se poster
sur le rang des autres Sergens qui sont derriere le
Bataillon , vis à-vis l'intervalle des Bataillons , derriere les Tambours.

Il faut bien observer que
tous les Fusiliers ayent un
petit tampon de cuir qui se
met sur l'amorce , la platine levée , & le chien ab-
battu sur le tampon , qui

tient à la fougarde avec une petite chaîne d'acier, afin d'éviter tous les accidens.

Maniement des Armes.

A droite quatre fois.

En tournant ferme fur le talon gauche, le jarret droit bien tendu, les deux talons vis-à-vis l'un de l'autre lorſqu'on a tourné.

A gauche quatre fois.

Demi tour à droite.

Remettez-vous.

Demi tour à gauche.

Remettez-vous.

Portez la main droi-

A ce Commandement on porte bruſquement la main droite

te au Fuſil.	Fuſil, le gliſſant un peu de la main gauche, de maniere que le bout de la platine ſoit vis-à vis le menton, obſervant que le Fuſil ſoit de la même ſituation que lors qu'on eſt ſous les armes.
Haut le Fuſil.	Faiſant à droite, tenant le Fuſil de la main droite, le bras bien tendu devant le milieu du corps, la platine à hauteur de la cravatte.
Portez le Fuſil ſur la main gauche.	On laiſſe tomber le Fuſil ſur la main gauche, tenant le bout fort haut, de maniere que le bout de la croſſe ſoit vis-à-vis le genoüil droit, la main gauche avancée pour dégager les armes du corps.
Appreſtez vos Armes.	Les Soldats bandent le Fuſil, tenant le pouce ſur le chien, le Fuſil reſtant dans ſa même ſituation.
En joüe.	En deux temps : Au premier on pouſſe les deux bras devant ſoy, en les le-

vant de maniere que le bout de la crosse soit à la hauteur du ceinturon, le bout du Fusil haut à égale hauteur. Au deuxiéme on met en joué à l'épaule droite, lâchant le pied droit en arriere, ayant le genoüil gauche un peu plié, le jarret droit tendu, le corps porté en avant sur la jambe gauche, les armes plattes.

Tirez.

Retirez vos Armes.	Le Fusil revient presenté.
Remettez le chien en son repos.	On releve le chien.
Soufflez dans le Bassinet.	En deux temps. Au premier on porte le Fusil à la bouche, les armes dans la même situation que quand elles sont presentées. Au deuxiéme on souffle, & les armes retombent presentées.

Essuyez la
Pierre.

Prenez le Poulverin.	On le prend à poignée de la main droite, en l'éloignant du corps.
Amorcez.	Les armes plattes.
Fermez le Bassinet.	En deux temps. Au premier on ferme le bassinet. Au deuxiéme on releve les armes, en portant la main droite derriere le chien du Fusil.
Passez le Fusil du côté de l'épée	Poussant le Fusil devant soy, le bout haut, la crosse à la hauteur de la ceinture, lâchant la main droite en même temps qu'on avance le pied droit, tournant le corps sur la jambe gauche, & portant la main droite au bout du Fusil, en même temps que le pied droit pose à terre en avant, le bras droit bien tendu, le coude effacé, & les armes dégagées du corps.

Prenez la cartouche. On la prend à poignée, la tirant hors de l'étuy, tenant le bras droit tendu éloigné du corps, à la hauteur de la ceinture, le pouce en haut.

Déchirez-la avec les dents. On la porte à la bouche, le bras tendu à la hauteur du bout du canon, le bout déchiré en haut, à un demy pied éloigné du bout du canon.

Mettez-la dans le Canon. On met la Cartouche dans le canon par le costé déchiré, en tournant la main, & la tenant au bout du canon.

Tirez la Baguette. On la tire en trois temps, la tenant toute plate à la hauteur de l'épaule, le bras droit tendu, & la baguette cachée entre le pouce & le premier doigt, le gros bout devant.

Haut la Baguette. On la tient à pleine main toute droite, le petit bout en haut.

Racourcis- En deux temps. Au presez la Ba-guette.

mier on appuye le gros bout à la ceinture. Au deuxiéme on la racourcit, en approchant le poignet de sa hanche, la tenant dans une ligne parallele au canon.

Mettez-la dans le Canon.

En deux temps. Au premier on la pousse au dessus du canon. Au second on la met dans le canon.

Bourez.

Trois fois en trois temps differens.

Retirez la Baguette.

Tournant la main, tenant la baguette plate le long du bras qui est tendu à la hauteur de l'épaule, comme ci-devant, le petit bout devant.

Haut la Baguette.

On la tient à pleine main toute droite, le pouce le long de la baguette, le gros bout en haut.

Racourcis-sez la Ba-guette.

En deux temps. Au premier on appuye le bout à la ceinture. Au second on la racourcit en approchant le poignet de la hanche, la tenant dans une ligne parallele au canon.

Remettez-la en son lieu. En deux temps. Au premier on pousse le bras droit tendu devant soy, le bout de la baguette un peu haut. Au second on la met à sa place, la main droite au bout du Fusil, le pouce le long du canon.

Prenez la Bayonnette. On porte la main sur la poignée de la Bayonnette.

Haut la Bayonnette. On la tire du fourreau, la tenant par la poignée la pointe en haut, le poignet à la hauteur de l'épaule, le bras droit tendu.

Mettez-la au bout du Canon. On tient toûjours la main droite au bout du Fusil, aprés avoir placé la Bayonnette, le pouce comme il a esté dit.

Presentez vos Armes. En trois temps. Au premier on porte la main droite sur le chien du Fusil, tenant les armes devant soy,

la main droite vis-à-vis la
ceinture. Au deuxiéme on
fait un demy tour à droite,
tenant le bras droit tendu,
le Fusil devant soy, la platine à hauteur de la cravate. Au troisiéme on laisse
tomber le fusil sur la main
gauche, & les armes se trouvent presentées comme cy-
devant, la crosse vis-à-vis
le genoüil droit, & le bout
du canon au dessus de la
teste, de maniere que la
Bayonnette paroisse au dessus du Soldat.

On bande le Fusil seule-
ment.

**Fusiliers
apprestez-
vous.**

**A droite
quatre fois.**

**A gauche
quatre fois.**

**Demi tour
à droite.**

Remettez-
vous.

Demi tour
à gauche.

Remettez-
vous.

En joüé.
En deux temps. Au premier on pouſſe les bras devant ſoy en les levant, de maniere que le bout de la croſſe ſoit à la hauteur de la ceinture. Au deuxiéme on met en joüé à l'épaule droite en lâchant le pied droit en arriere, ayant le genoüil gauche un peu plié, le jaret droit tendu.

Tirez.

Retirez
vos Armes.
En quatre temps. Au premier on revient les armes preſentées en rapprochant le pied droit, tournant bien le corps vis-à-vis ſon Camarade. Au deuxiéme on remet le chien à ſon repos

Au troisiéme on baisse la platine. Au quatriéme on met la main derriere la platine, empoignant bien le Fusil.

Passez le Fusil du côté de l'épée

Poussant le Fusil devant soy, le bout haut, la crosse à la hauteur de la ceinture, lâchant la main droite en même temps qu'on avance le pied droit, tournant le corps sur la jambe gauche, & portant la main droite au bout du Fusil en même tems que le pied droit pose à terre en avant, le coude effacé, & les armes degagées du corps.

Reprenez a Bayonnette.

On détache la Bayonnette, la tenant comme devant à la hauteur de l'épaule.

Remettez-la en son lieu.

On la remet dans le foureau, & la main revient au bout du Fusil.

Joignez la

On met le fusil droit devant soy tétaché du corps

main droite au Fusil.

sans le lever, la main droite sous le chien du Fusil.

Portez vos Armes.

En trois temps. Au premier faisant à droite, tenant le bras droit tendu, le Fusil devant soy, la platine à hauteur de la cravate. Au deuxiéme on porte le Fusil sur l'épaule à l'ordinaire. Au troisiéme on laisse tomber la main droite.

Reposez-vous sur vos Armes.

En quatre temps. Au premier en glissant le Fusil quatre doigts, tournant un peu la crosse, on porte la main droite derriere le chien. Au deuxiéme on porte le Fusil de la main droite devant soy entre les deux yeux, le bras tendu à la hauteur de la cravate. Au troisiéme on baisse le Fusil avec la main droite, en portant la gauche à un demi pied du bout de la hauteur de la tête. Au quatriéme on laisse tomber la crosse à terre, en portant la main droite joignant au dessus de la gauche, de maniere pourtant qu'on voye tout le visage au dessus des poignets.

Posez vos Armes à terre.	En quatre temps. Au premier en haussant le Fusil de la main droite, on le tourne à droite en glissant la main gauche jusqu'au bassinet. Au deuxiéme on hausse le Fusil avec la main gauche de la hauteur de la cravate, en portant la main droite sur la platine, le pouce sous le chien du Fusil. Au troisiéme en se baissant on pose le Fusil entre les jambes, la platine entre les oreilles du soulier, de maniere que les genoux ne soient pas pliez, se baissant seulement de la ceinture en haut. Au quatriéme on se releve.
Reprenez vos Armes.	En quatre temps. Le premier est d'ouvrir un peu les bras à côté de soy. Au deuxiéme en se baissant on prend les armes, les mains dans la même situation qu'en les posant. Au troi-

niéme on tourne les armes en les levant, pour que la platine ſoit en dehors ; & l'on porte la main droite à quatre doigts de la hauteur de la tête, les bras tendus ſans lever la gauche. Au quatriéme on laiſſe tomber la croſſe à terre, & la main gauche gliſſe le long du canon juſqu'à la droite.

Fuſil ſur l'épaule.

En cinq temps. Au premier on leve le Fuſil avec la main droite en gliſſant la gauche juſqu'au baſſinet. Au deuxiéme on porte la main droite ſous la platine du Fuſil ſans lever la gauche. Au troiſiéme on leve le Fuſil de la main droite à hauteur de la cravate devant ſoy, le bras droit tendu, les épaules également avancées. Au quatriéme on le porte ſur l'épaule. Au cinquiéme on ôte la main droite.

Maniere de défiler.

Quand les Compagnies défilent par quatre, l'on obſervera de mettre toûjours les

Caporaux à la tête, les Tambours entre le fecond & le troifiéme rang. Le Sous-Lieutenant, le Lieutenant à la queuë, & les deux Sergens fur les aîles du premier rang derriere le Capitaine ; le Drapeau marchera entre le neuviéme & dixiéme rang, le Sous-Lieutenant entre le dix-huit & dix-neuviéme.

L'on obfervera qu'en marchant en Bataille, ou par Compagnie, les Tambours doivent toûjours être placez entre le fecond & le troifiéme rang.

L'on obfervera auffi que toutes les Hallebardes des Sergens foient de fix pieds & demy, comme il a été ordonné, & que quand on fe met en Bataille, les Sergens donnent toûjours deux Hallebardes d'un rang à l'autre.

Quand on eft en Bataille, le Major avertira comme il eft ordonné de défiler : mais fi on ne dit mot, la maniere la plus ordinaire & la plus aifée eft par demy-manche.

Si on défile par la droite, l'on fera marcher fix pas en avant tout le Bataillon ; & fans s'arrefter, chaque demy-manche de Fufils fera fon quart de converfion. La Compagnie des Grenadiers marchera à la tête, le Colonel à la tête, fuivi du Lieutenant-Colonel à la longueur de l'Efponton, enfuite les Capitaines derriere le Lieutenant-Colonel, à la longueur de l'Efponton...

Les Officiers du Bataillon seront partagez, la moitié des Capitaines à la teste, l'autre moitié à la queuë, les Drapeaux à la teste de la troisiéme manche ; les Lieutenans & Sous-Lieutenans seront partagez également à la teste de toutes les Divisions.

Tous les Officiers qui sont à la teste des Divisions doivent prendre garde, à distance égale entr'eux, qu'ils doivent occuper tout le front des Divisions, de maniere que celuy qui est à la droite & celuy qui tient à la gauche, doivent estre entre les premieres & secondes files de leur aisle, n'estant jamais que deux pas devant le Soldat, de maniere que le talon de l'Esponton touche le rang du Soldat.

Chaque Division de Bataillon doit se regler en marchant sur la distance qu'il faut laisser de l'un à l'autre sur le front de la Division qui mene. *Par exemple.* Si la Division qui mene tient trente pas de front, il faut qu'il ne laisse pas quinze pas d'intervalle, parce que la Division qui marche devant luy, faisant le quart de conversion pour se mettre en Bataille, occupe seize pas, qu'il quitte en faisant le quart de conversion ; & par consequent ceux-là joints avec les quinze pas qu'on laisse en marchant, donneront le terrain suffisant pour se mettre en Bataille, & ainsi de même à proportion, soit qu'on défile par manche, ou par quart de manche.

Les Bataillons , quand on défilera par demy-manche , feront cinq Divisions , & quand on défilera par manche , ils n'en feront que trois.

Quand les Bataillons défileront par Compagnies & par quatre files , les Drapeaux marcheront aprés le neuviéme rang.

Quand ils défileront par demy-manche , les Drapeaux se mettront à la teste de la troisiéme Division.

Quand ils défileront par manche , ils seront à la teste de la seconde-manche.

Et s'ils marchent par Bataillon entier , les Drapeaux seront au centre à dix pas l'un de l'autre,

De quelque maniere qu'on défile , le Major aura toûjours soin de mettre des Officiers à toutes les têtes des Divisions , & les Sergens défileront toûjours sur les aisles des rangs , du côté que sera celuy devant lequel on défile.

Quand on défilera par Bataillon entier , si c'est devant Sa Majesté ou le General , & que ce ne soit que pour voir les Troupes , il ne faut laisser que quarante pas d'intervalle de l'un à l'autre , afin de ne pas faire attendre long temps Sa Majesté.

Si c'estoit un mouvement necessaire pour gagner du terrain , & se mettre en Bataille pour l'Ennemy , il faut aprés avoir fait le quart de conversion pour se mettre en marche , laisser cent vingt pas d'intervalle de l'un à l'autre, parce que le Bataillon occupant quatre-vingt pas de front, il faut l'intervalle de l'un à l'autre étant mis en Bataille, qui doit être de cinquante à soixante pas,

Les Compagnies des Grenadiers défileront toûjours à la tête des Regimens d'Infanterie.

Les Officiers obferveront en marchant qu'il ne faut jamais être éloigné du rang des Soldats, que de la longueur de l'Efponton qui refte en arriere, de maniere que le rang du Soldat touche prefque le talon de l'Efponton de l'Officier,

Permis d'imprimer ce 16. Février 1704.
M. R. DE VOYER D'ARGENSON.